M. PARADE

SA VIE ET SES ŒUVRES

Paris. — Typographie HENNUYER ET FILS, rue du Boulevard, 7.

M. PARADE

SA VIE ET SES OEUVRES

PAR

M. TASSY

CONSERVATEUR DES FORÊTS

PARIS

BUREAU DE LA REVUE DES EAUX ET FORÊTS
RUE FONTAINE-AU-ROI, 13.

1865

M. PARADE

SA VIE ET SES ŒUVRES

Au commencement de l'année dernière, avec beaucoup de lettres contenant des souhaits pour mon bonheur, j'en recevais une par laquelle on m'annonçait que M. Parade avait perdu la vue. Je fus consterné, et les félicitations qui accompagnaient la sinistre nouvelle me causèrent une indicible amertume. M. Parade aveugle ! cet homme que j'ai vu, il y a quelques mois à peine, si plein de séve physique et morale, cet homme qui, il y a deux ans, malgré ses soixante ans, a couru sur les sommets les plus escarpés de nos montagnes, cet homme si nécessaire encore à tant de gens et à tant de choses! Est-ce possible? me dis-je avec douleur. Hélas! il n'y avait pas à en douter : par une matinée du mois de décembre, au moment où il procédait à sa toilette, causant amicalement avec son sous-directeur, M. Nanquette, de ses élèves, de leurs progrès, de leur conduite, des soins qu'il fallait prendre de leur esprit, de leur cœur, de leur santé, tout à coup ses yeux s'étaient fermés à la lumière. Il avait été frappé à mort. Il en eut le pressentiment, mais n'en dit rien. Le régime de l'Ecole ne fut point troublé ; chacun continua de vaquer à ses occupations. On eût pu croire que rien d'extraordinaire ne s'était passé, et, pourtant, l'Ecole de Nancy avait été atteinte dans sa personnification la plus éclatante.

A partir de ce moment, les élèves ne revirent plus qu'une ou deux fois leur directeur. Quand ils en demandaient des nouvelles, on leur répondait, pour ne pas les attrister, qu'il était mieux, et ils s'en allaient contents; mais tandis que le calme et la confiance régnaient à l'extérieur et dans le domaine des études, un drame intime se déroulait dans la chambre du malade. L'angoisse s'installait à son chevet. Trois nobles créatures, sa femme et ses deux filles, commençaient un martyre qui devait durer un an, pour aboutir à une catastrophe. Je n'en exposerai pas le tableau navrant. Tous ceux qui ont perdu un être chéri après une longue maladie, savent ce que comporte une semblable situation de terreurs et d'espérances alternatives. Cependant, je ne donnerais qu'une idée incomplète de l'homme dont je veux tracer le portrait, si je ne faisais pas connaître les impressions que m'ont laissées les trop courts moments que j'ai passés auprès de lui pendant qu'il était malade.

Je fis ma première visite à M. Parade au mois de février. Dans quel état le trouverai-je cet homme que j'ai toujours vu supérieur aux autres? Voilà ce que je me demandais avec une anxiété croissante, à mesure que je m'approchais de Nancy; et cette crainte d'un affaissement moral, qui me paraissait inévitable, était peut-être ce qui me peinait le plus. Crainte mal fondée cependant : au premier coup d'œil, en entrant dans sa chambre, je devinai que, quels que fussent les ravages causés par le mal dans son organisme, ils avaient respecté son intelligence et son cœur. La vue lui était en partie revenue, mais il ne pouvait marcher sans soutien, et il était souvent en proie à des crises nerveuses qui lui causaient d'inexprimables malaises. Alors ses idées s'imprégnaient de mélancolie. C'était le seul changement qu'on remarquait en lui. La sérénité de son âme n'en fut jamais altérée. En aucun moment, dans ses plus cruelles souffrances, il n'est sorti de ses lèvres une plainte contre le sort, une aigreur contre qui que ce fût, ou même une réflexion qui lui ait été entièrement personnelle. Aussi M. Lacroix, président de l'Académie de Nancy, a-t-il pu dire avec vérité dans l'émouvant discours qu'il a prononcé sur sa tombe : « Qu'il grandissait par l'effort de cette lutte héroïquement soutenue, acquérant chaque jour, aux yeux de ceux qui le connaissaient le plus, comme des grâces et des vertus nouvelles et un charme qui le transfiguraient. »

Autour de lui, devant sa résignation, la lucidité de son esprit, la vivacité de ses sentiments, on s'était repris à l'espérance de le voir recouvrer la santé, et cette espérance, j'avoue que je la partageais fermement. Je partis. Quelque temps après, notre pauvre malade éprouva une nouvelle secousse, mais elle n'eut pas de suite fâcheuse, et, au printemps, il put aller respirer l'air des montagnes et des sapins du pays natal. De nouveau, on le crut sauvé. Les médecins lui ayant conseillé pour l'hiver des distractions et un climat doux, il se fit transporter à Amélie-les-Bains. C'est là qu'il y a trois mois, je l'ai revu, hélas ! pour la dernière fois. Il allait mieux cependant. Il pouvait marcher sans secours, et il m'étonna, sous ce rapport, dans une promenade que nous fîmes aux environs de l'établissement. Il y avait ce jour-là dans l'azur argenté du ciel, dans la transparence cristalline de l'air et dans la douceur de la température, une suavité extraordinaire, que rendait plus sensible encore l'aspect de la neige sur les sommets des Pyrénées. L'âme de mon cher maître, si accessible aux impressions de la nature, s'était remplie des plus douces pensées, et son corps semblait avoir puisé dans ce milieu vivifiant une recrudescence de force. Nous nous promenâmes longtemps à pied, devisant de choses et d'autres, surtout de sa famille, de son école, de ses amis, par conséquent, de ses élèves. Et il songeait non-seulement aux vivants, mais encore aux morts : ainsi il manifesta plusieurs fois le regret qu'il n'eût encore été publié dans la *Revue forestière* aucun article sur Dubois, cet homme rare, lui aussi, qui nous a été enlevé subitement il y a un an, et qui aux qualités les plus attachantes dans la vie privée réunissait un très-grand mérite comme écrivain et comme forestier. « Si je n'étais hors d'état de remplir ce pieux devoir, me dit M. Parade, je ne céderais la plume à nul autre dans cette circonstance. » Voilà un exemple des préoccupations qu'il avait, lorsque déjà il était lui-même si près de sa fin. En voici un autre : Nous avions pour compagnon, dans l'excursion à laquelle mes souvenirs se rapportent, un jeune garde général adjoint, sorti de l'Ecole sans place, quoique d'ailleurs fort intelligent. Il était venu de loin pour rendre visite à son ancien directeur, dont il ne se rappelait que les bontés. Il en reçut dans cette circonstance de nouvelles marques. Je ne saurais exprimer la bienveillance avec laquelle M. Parade s'efforça de l'encourager et de chercher les moyens de lui faire rattraper le temps perdu. Tout un plan fut arrêté à cet effet, plan dans lequel je devais jouer un rôle, car il fut convenu que, dès que notre jeune camarade aurait obtenu le titre de garde général, il demanderait à être envoyé en Corse, pour y acquérir des titres exceptionnels à l'avancement. Quelle scène touchante! quand l'avenir vous échappe, s'intéresser autant à celui des autres! M. D*** fut très-ému, ainsi que moi, et je suis sûr qu'il s'en retourna d'un pied léger dans ses montagnes. Quant au directeur, il ne paraissait pas se douter du bien qu'il lui avait fait, et quand nous fûmes seuls, je ne pus m'empêcher de lui dire : « Vraiment, vous êtes étonnant! — Et de quoi? — Mais vous ne voyez pas que vous avez rendu la vie à ce brave garçon? — Vous croyez? me répondit-il en souriant, alors je fais des miracles sans le savoir. »

Voilà dans quelle situation était M. Parade quand je le quittai à Amélie. Déjà la voiture m'emportait loin de lui, qu'il m'envoyait encore de la main un adieu, en me criant : « Au revoir. » Deux mois plus tard, j'apprenais sa mort. Le 29 du mois de novembre dernier, dans l'après-midi, étant dans un salon où on faisait de la musique, il se sentit incommodé; il sortit pour monter dans sa chambre. En vain, on voulut le retenir. « Non, laissez-moi, dit-il, car ce n'est rien : la voix de la personne qui chante me rappelle celle de mon frère (un frère qu'il avait perdu depuis longtemps), elle me fait mal. » Arrivé dans sa chambre, il s'étendit sur son lit; il adressa quelques paroles à sa fille pour la rassurer, mais bientôt il ne put que lui serrer la main; puis il ne put que la regarder, et c'est en la regardant qu'il expira, sans souffrance et sans frayeur.

Ainsi est mort cet homme dont je me propose de raconter la vie. Il a eu le rare privilége de conserver jusqu'au dernier moment la plénitude de ses facultés morales, et de montrer par là combien en lui l'esprit était indépendant et au-dessus de la matière.

Quelques jours après, le 7 décembre, on faisait à son corps, à Nancy, des obsèques imposantes. Tous les agents forestiers de l'Est de la France, toute l'Ecole, toutes les notabilités, la ville entière y assistaient. M. le directeur général des forêts avait laissé la cour, alors à Compiègne, pour venir présider à ce grand deuil, et dans un discours très-ému, très-éloquent, s'écriait : « Vous l'avez vue naître et grandir, messieurs, cette Ecole dont la ville de Nancy est si justement fière, vous l'avez vue, sous l'impulsion vigoureuse qui l'animait, faire de jour en jour de nouveaux progrès dans la considération publique.

« M. Parade en était devenu l'âme. Pendant près de trente ans, il a vécu de sa vie ; il a lutté, triomphé, prospéré avec elle.

« Les cinq cents élèves qui ont reçu successivement ses leçons ont emporté de Nancy, avec le vif souvenir de leur maître bien-aimé, les fortes traditions dont il s'était constitué le gardien et que la jeune école qui m'écoute saura conserver pieusement. »

Ces traditions seront conservées, je n'en doute pas. Pour moi, elles continuent à vivre dans mon esprit et dans mon cœur avec une force que le temps n'a point affaiblie, quoiqu'il ait déjà ridé mon front et blanchi mes cheveux.

I

Adolphe-Louis-François Parade naquit à Ribeauvillé (Haut-Rhin), le 11 février 1802.

Ce fut au milieu des plantureuses sapinières de la riche et riante Alsace qu'il contracta ce goût passionné pour les forêts qui ne l'a jamais quitté, et qu'il passa paisiblement son enfance, avec un frère aîné et une sœur cadette, loin des bruits du monde, dans un petit cercle d'esprits sérieux et cultivés, ayant des goûts simples et élégants. Ce petit cercle se composait de sa mère et de deux oncles vivant sous le même toit.

Sa mère, Henriette de Beer, fille d'un ancien ministre de la cour palatine, était une femme fort instruite, douce, pieuse, excellente musicienne. C'est à elle sans doute qu'il fut redevable de la délicatesse exquise de sentiments qui le distinguait à un si haut degré.

Ses deux oncles, hommes également d'un grand mérite, se chargèrent de son instruction et accomplirent cette tâche avec une sollicitude dont l'un d'eux a laissé des témoignages, dans une correspondance en latin qu'il a entretenue pendant longtemps avec son élève.

Quant à son père, qui était originaire du Périgord, il avait embrassé le métier des armes et il ne pouvait, en ce temps de guerres continuelles, faire que de rares et courtes apparitions dans sa famille. Il remplissait, comme capitaine d'état-major, les fonctions d'aide de camp auprès du général Fririon, lorsqu'il fut tué à la bataille d'Essling, après avoir fait quatorze campagnes, et il ne laissa guère pour tout héritage à ses enfants que de glorieux exemples.

Le jeune Parade dut songer de bonne heure à se créer des moyens d'existence et à mettre un terme aux sacrifices que sa famille s'imposait pour lui. Il lui fallut, dans ce but, s'éloigner de sa mère. Ce fut sa première douleur. D'après les conseils de M. Lorentz, qui était alors inspecteur des forêts à Ribeauvillé, on le destina à la carrière forestière et on l'envoya vers la fin de 1817 en Saxe, dans une école préparatoire. L'année suivante il fut admis à l'Académie forestière de Tharand, près de Dresde, dirigée par le célèbre Cotta, et à la fin de 1819, il revint en France, après un voyage pédestre de plusieurs mois à travers les forêts d'Allemagne.

Il rapportait des divers maîtres dont il avait suivi les leçons, les attestations les plus flatteuses relativement à sa conduite, à son zèle et à son intelligence. Je n'en citerai qu'une, parce qu'elle suffira pour prouver qu'il avait, dans son amour pour les sciences, dépassé les limites de ce que l'on pouvait raisonnablement attendre de son âge. Voici le certificat que lui avait donné M. Johann-Théodor Bénédieth, arpenteur royal forestier de Saxe :

« Le candidat forestier Adolphe-Louis-François Parade Soubeïrol a assisté, depuis le 24 juillet jusqu'au 9 décembre de la présente année, à l'opération de la taxation des forêts du canton de Nossen, qui m'est confiée par Sa Majesté royale de Saxe. Comme il désire s'éloigner d'ici pour élargir le champ de ses études, je dois, conformément à la vérité et à mon devoir, attester, sur sa demande, que durant tout ce temps, non-seulement il a exécuté avec le plus grand zèle et la plus grande activité tous les travaux qui se sont présentés dans le cours de l'opération ; mais encore il a pris soin de m'expliquer ses connaissances remarquables, dans le but de faciliter ma tâche ; et ce avec une complaisance dont je ne puis que lui exprimer ma vive reconnaissance.

« En ce qui concerne sa conduite privée, il s'est acquis l'estime et l'affection de tous ceux qui ont été en rapport avec lui.

« Dittersdorf, le 10 décembre 1818. »

De retour dans son pays, le jeune Parade y retrouva son protecteur, M. Lorentz, auprès duquel il demeura, sans position officielle, pendant deux années.

Le 27 avril 1822, il prit rang dans l'administration forestière, en qualité de simple garde à Etival (Vosges), et le 26 décembre de la même année, il passa comme garde chef mixte au triage d'Ormont.

Il occupait encore cette dernière position lors de la fondation de l'Ecole forestière.

M. Lorentz, à qui avait été confiée la direction de cet établissement, demanda aussitôt et obtint, par une décision du 8 février 1825, que son jeune protégé, qu'il signalait comme un forestier consommé, lui fût attaché avec le double titre de garde à cheval et de répétiteur des cours d'économie forestière.

Ce jour-là, le sort d'Adolphe-Louis-François Parade fut fixé. *Il ne se séparera plus de l'Ecole ; il vivra de sa vie ; il luttera, triomphera ou succombera avec elle*, et, pour cimenter cette union de leurs destinées, il ne reculera devant aucun sacrifice. Il en prit l'engagement envers lui-même, et prouva dès le début, par un trait d'héroïsme, qu'il était capable de le tenir :

Il y avait à Nancy, comme dans les autres villes de France, à l'époque où l'Ecole forestière fut établie, un mouvement libéral très-prononcé, à la tête duquel se faisaient remarquer un certain nombre de jeunes gens qui tenaient, comme on dit vulgairement, le haut du pavé. Exaltés, susceptibles et désireux de faire montre de leurs opinions, ils accueillirent avec défiance d'abord, puis avec une malveillance marquée, les élèves de la nouvelle école, parmi lesquels il y en avait quelques-uns qui appartenaient à des familles royalistes ; il les regardèrent comme des créatures du favoritisme ; ils les classèrent dans le parti des *blancs*, — ce qui était tout dire dans ce temps-là, — et prirent vis-à-vis d'eux une attitude provocante. Des lazzis injurieux pour l'Ecole ne tardèrent pas à circuler dans les lieux publics. M. Parade le sut. Il comprit que cet état de choses entraînerait les plus fâcheuses conséquences si on ne se hâtait pas d'y remédier. Il résolut donc d'y couper court lui-même, et, à cet effet, il se rendit un soir au théâtre, bien décidé, quoiqu'il n'eût jamais touché un pistolet ou un fleuret, à relever le premier gant qui serait jeté. Il n'attendit pas longtemps : un individu, qui lui était parfaitement inconnu, mais qui appartenait d'ailleurs à une très-honorable famille et qui, plus tard, eut grand regret de cette affaire, ayant tenu sur l'Ecole un propos impertinent, un cartel fut échangé. On se battit le lendemain. M. Parade reçut une balle dans le fémur, tira en l'air, et fut pendant six semaines entre la vie et la mort. Mais son dévouement eut le résultat qu'il en espérait : il ferma la bouche aux faiseurs de lazzis.

Pendant les cinq années qui suivirent son installation à l'Ecole forestière, aucun incident remarquable ne se produisit dans l'existence de M. Parade. Il employa ce temps à augmenter ses connaissances en tout genre et à s'inoculer de plus en plus les doctrines et l'esprit du maître illustre dont il faisait répéter les leçons.

Nommé arpenteur, le 18 juillet 1826, il était garde général de deuxième classe, quand éclata la révolution de juillet 1830. Trois mois après cette révolution, M. Lorentz, appelé à Paris pour y remplir les fonctions d'administrateur, était remplacé comme directeur de l'Ecole par M. de Salomon, et M. Parade, sortant enfin des rangs inférieurs de l'administration, obtenait, le 29 octobre 1830, le grade de sous-inspecteur, et ce qui valait bien mieux, le titre de sous-directeur de l'Ecole, chargé du cours de sylviculture.

L'année 1831 fut, pour la vie intime de M. Parade, une année mémorable : M. Lorentz, mettant le comble à la bienveillance dont il l'avait honoré, lui donna une de ses filles en mariage. De cette union naquirent quatre filles et un garçon. Sur les quatre filles il y en a trois qui vivent encore et sont la consolation de leur vénérable aïeul. L'autre et le garçon moururent en bas âge dans la même année (1842), et le cœur de leur père en reçut une double blessure, qui jamais ne se cicatrisa complétement.

Au point de vue administratif, M. Parade n'eut pas beaucoup à se louer des faveurs de la fortune, sous la direction de M. de Salomon. Tandis que les élèves des premières promotions de l'Ecole étaient nommés inspecteurs après peu d'années de services, il n'obtenait ce grade que le 1er janvier 1837. Cette phase de sa carrière est pourtant une de celles qui ont été le plus utiles à l'administration et à la science ; car c'est alors qu'il réunit en corps de doctrines les théories qui faisaient l'objet de son enseignement, et qu'il publia l'admirable ouvrage, *modèle de traité classique, dans lequel se trouve résumé, sous l'autorité de deux noms chers aux sylviculteurs de tous les pays, le véritable code de la science forestière* [1].

En 1838, M. de Salomon rentrait, sur sa demande, dans le service ordinaire, et, le 26 juin de la même année, M. Parade lui succédait à la direction de l'Ecole, avec rang de conservateur. Il avait trente-six ans!

Je vais mettre en présence l'état dans lequel il a trouvé l'Ecole et celui dans lequel il l'a laissée. On pourra juger de son influence sur les progrès de cette institution.

Voici ce qu'était l'Ecole forestière en 1838 :

On y recevait de dix à douze élèves par an.

Ces élèves étaient entièrement libres, à charge seulement d'assister aux cours qui les retenaient à l'Ecole trois à quatre heures par jour. Leur travail et leur conduite n'étaient l'objet d'aucune surveillance.

L'enseignement comprenait :

Des leçons sur l'aménagement et sur le Code forestier faites par le directeur de l'Ecole,

Un cours de mathématiques qui ne présentait rien de spécial, si ce n'est pour la topographie,

Un cours d'histoire naturelle accompagné de quelques leçons sur la chimie élémentaire,

Des leçons de constructions, de dessin et d'allemand.

---

[1] Discours prononcé par M. Vicaire sur la tombe de M. Parade.

Chaque année, pendant un mois, les élèves de la première promotion procédaient, dans les environs de Nancy, à des travaux d'arpentage, pendant que ceux de la seconde allaient se promener dans les forêts des bords du Rhin. A cela se bornaient leurs exercices pratiques, et le plaisir y prenait plus de part que l'étude.

Les deux salles consacrées aux cours étaient à peine assez grandes pour contenir chacune douze élèves. Trois tables : l'une au fond pour le professeur, les deux autres sur les côtés, pour les élèves, en composaient, avec quelques tabourets, tout l'ameublement.

Les collections étaient à l'avenant et par conséquent très-incomplètes, surtout en ce qui concernait la botanique, la zoologie et la minéralogie.

Un petit jardin, dans lequel les arbres fruitiers étaient beaucoup plus nombreux que les arbres forestiers, constituait à lui seul le champ d'expérience des élèves.

L'Ecole de Nancy était, on le voit, une petite école, plus connue dans le monde — il faut bien l'avouer — par la dissipation de ses élèves que par son enseignement, si l'on en excepte le cours de sylviculture qui venait d'être publié et qui avait jeté un grand éclat sur ses auteurs.

Aujourd'hui, il y a à l'Ecole de Nancy de cinquante à soixante élèves. Ils y sont casernés. Tout le temps compris entre huit heures du matin et cinq heures du soir est affecté, sauf l'heure du déjeuner, soit aux cours, soit aux études, et deux inspecteurs spéciaux veillent à ce qu'il soit utilement employé. Des adjudants font la police tant à l'intérieur qu'à l'extérieur.

L'enseignement comprend :
Un cours de sylviculture,

Un cours d'aménagement,

Un cours de législation et de jurisprudence,

Un cours de mathématiques appliquées (mécanique, topographie),

Un cours de constructions forestières (scieries, maisons forestières, routes et ponts),

Un cours d'histoire naturelle appliquée (physiologie végétale, botanique, zoologie, géologie, minéralogie),

Un cours de littérature,

Un cours d'agriculture,

Des leçons spéciales sur le débit des bois et leur emploi dans les constructions navales.

Trois mois dans l'année (avril, mai et juin) sont consacrés à la mise en pratique des enseignements de la théorie.

Des amphithéâtres assez spacieux pour contenir, outre les élèves, des auditeurs libres, et ils sont nombreux, ont été construits.

L'Ecole possède une bibliothèque, un cabinet complet d'histoire naturelle, des modèles d'outils forestiers, de scieries, de navires, et la plus riche collection d'échantillons de bois et de graines qui existe dans le monde.

Le petit jardin, dépendant de l'établissement, a été peuplé d'essences forestières. Toutes les espèces croissant spontanément en France y sont représentées. Une magnifique pépinière a été créée à Belle-Fontaine, près de Nancy. Enfin, une forêt de 6,600 hectares, la forêt domaniale de Haye, a été destinée à l'instruction pratique des élèves. Toutes les opérations que nécessite sa gestion, se font non-seulement sous leurs yeux, mais encore avec leur participation.

L'Ecole forestière est devenue, en un mot, une grande école, qui rivalise avec les établissements du même genre les plus renommés de l'Allemagne, et cette amélioration est due à l'initiative de M. Parade. C'est à son impulsion qu'il faut aussi, en grande partie, attribuer les publications qui ont été faites, dans les quinze dernières années, sur les différentes branches de l'enseignement. Le *Commentaire du Code forestier*, par M. Meaume; la *Topographie*, de M. Regnault; la *Zoologie* et la *Flore forestière*, de M. Mathieu; le *Traité d'aménagement* et le *Cours d'exploitation des bois*, de M. Nanquette, ont assurément beaucoup contribué à étendre la réputation de l'Ecole forestière. M. Parade lui-même, au milieu des occupations absorbantes que lui occasionnait la réorganisation de l'Ecole, et malgré l'énorme correspondance qu'il avait à entretenir avec les savants de toute l'Europe, avec les familles des élèves, avec tous ceux, et ils s'étaient singulièrement multipliés, qui réclamaient ses conseils, M. Parade trouvait le temps de préparer deux éditions successives et considérablement augmentées du cours créé par M. Lorentz, et de rédiger pour les *Annales forestières*, dont il avait été un des fondateurs, une série d'articles très-instructifs [1].

Grâce à sa forte constitution morale et physique, il a pu supporter longtemps sans fléchir tant de labeurs.

Ces labeurs, du reste, ne restèrent pas sans récom-

---

[1] En voici les titres et les dates:
Compte rendu du Congrès forestier de Stuttgardt, janvier et août 1842;
De la sylviculture en Allemagne, novembre et décembre 1844;
Des repeuplements artificiels, août 1844;
Estimation en fonds et superficie, juin 1846;
Reboisement des montagnes, 1862.

pense : M. Parade fut élevé à la quatrième classe de son grade, le 31 juillet 1855, et à la troisième le 18 décembre 1860.

Nommé chevalier de la Légion d'honneur le 29 avril 1841, il devenait officier de cet ordre le 16 août 1860. Le 19 juillet de la même année, l'empereur de Russie lui avait envoyé la croix de l'ordre de Saint-Stanislas. Le roi de Portugal lui donna, le 6 février de l'année suivante, la croix de chevalier de l'ordre de Notre-Dame de Conception, et la reine d'Espagne, celle de l'ordre de Charles III, le 13 mai 1863.

Il faisait partie du Conseil municipal de la ville de Nancy. Il appartenait à l'Académie de cette ville, et la Société centrale d'agriculture de France l'avait admis depuis longtemps dans son sein, lorsque, en décembre 1863, l'Institut impérial couronna toutes ces distinctions en lui conférant le titre de membre correspondant.

C'est là certainement une brillante carrière. Le jeune Parade ne s'y attendait guère lorsque son étoile lui fit rencontrer M. Lorentz, et il est probable que celui-ci, de son côté, en faisant entrer cet enfant dans l'administration des forêts, ne se doutait pas qu'il la dotait d'un agent dont elle retirerait de si précieux avantages.

Au milieu de tant d'exemples des méprises de la fortune, il est consolant d'avoir à signaler des hommes qui ne doivent qu'à leur mérite les dignités dont ils ont été investis. Les honneurs faits à M. Parade soit avant, soit après sa mort, ont été grands, et, cependant, ils n'ont pas égalé ses services. « L'administration ne fera jamais pour lui ce qu'il a fait pour elle. » Cette déclaration du directeur général des forêts, rappelée sur la tombe de M. Parade par M. Nanquette, n'était pas un hommage exagéré arraché à ce haut fonctionnaire par le désir d'apporter un soulagement à une famille plongée dans le deuil. C'était l'expression de la vérité et il suffit, pour s'en convaincre, de la simple analyse que je viens de donner des travaux de l'homme à qui elle s'adressait.

Je pourrais donc m'arrêter ici. Tout ce que je dirai de M. Parade, en présence de ses œuvres, n'ajoutera rien à sa célébrité. Aussi, n'est-ce point dans le but de rehausser sa gloire que j'ai entrepris de faire son portrait. C'est tout simplement pour obéir à un besoin de mon cœur. Lorsque M. Parade, au moment suprême, a procédé à son examen de conscience, il a dû reconnaître, malgré son extrême modestie, qu'il avait fait ici-bas, de ses facultés, un emploi méritoire, et il a pu mourir sans regrets, sous ce rapport ; mais les regrets de ses amis n'en sont que plus cruels, et il me semble que j'en adoucirai l'amertume en m'étendant sur les motifs qui les justifient. Parmi mes lecteurs, il y en a d'ailleurs, sans doute, qui n'ont connu la puissante individualité dont nous déplorons la perte prématurée, que par ses manifestations en quelque sorte officielles et lorsqu'elle avait acquis déjà tout son développement. Je la leur montrerai dans son enfance, dans ses progrès successifs, dans ses mouvements intimes, autant que possible, et ils l'en aimeront encore davantage.

II

Je dois à l'obligeance d'un ami de la famille la communication d'un journal dans lequel M. Parade a consigné les impressions de son séjour en Allemagne. Je vais en reproduire quelques passages ; ils feront voir ce qu'était leur auteur à cet âge heureux de l'adolescence où l'on ne sent pas encore le besoin d'imposer une contrainte à ses sentiments.

A la date du 7 janvier 1819, voici ce qu'il écrivait, racontant les incidents d'une soirée qu'il avait passée avec un de ses amis au muséum d'Annaberg. Ce muséum était un établissement public, comme il y en a beaucoup en Allemagne, où l'on donnait des bals, des concerts, des représentations de toutes sortes.

« A sept heures, nous avons fait notre entrée au muséum. Tout le beau monde y était réuni. On commença par le premier acte de l'opéra de *Jacob et ses fils*, qui fut exécuté magistralement ; puis vint un récit, intitulé *le Cadeau de Noël*, écrit et récité par le correcteur de l'école du lieu. Le sujet de l'histoire n'était pas mal conçu au fond ; mais l'auteur l'avait noyé dans tant de mots, qu'elle en devenait ennuyeuse, effet auquel contribuait encore largement le débit défectueux et chantant... Le déclamateur était un grand flandrin, et ce qui produisit déjà sur moi une impression fâcheuse, c'est qu'il était vêtu en petit-maître : il avait un habit qui lui battait les chevilles, une immense cravate dans laquelle il ne pouvait remuer, et un pantalon si étriqué, qu'il laissait voir toutes les articulations. C'est dans cet accoutrement que ce dadais s'était planté devant nous, *misso pene*, et nous récitait un poëme dont les personnages étaient pleins de candeur et de naturel ; il mettait, il est vrai, la main sur son cœur, lorsque les règles de la déclamation l'exigeaient ; mais on comprenait au ton, on reconnaissait dans toute sa personne, que son cœur devait battre plus fort à la lecture d'un journal de modes qu'à celle d'un poëme de ce genre...

« Puis, vinrent de forts jolies variations pour clarinette et flûte. Après quoi, un nouveau personnage fit son entrée en scène, et quelle ne fut pas ma surprise en reconnaissant dans cet individu un étudiant de Leipzig, que j'avais connu à Freybourg. C'était Engler : il a déclamé trois pièces de vers et s'en est très-bien tiré, comme je m'y attendais.

« Après le morceau final est venue la danse, à laquelle je n'ai pas pris part. Je me suis assis auprès de la forestière et d'une petite cousine qu'elle avait à côté d'elle. La petite cousine me donnait un peu dans l'œil. Elle n'était pas très-grande, mais gracieuse et avait surtout de beaux yeux bleus comme le ciel, qui en disaient bien long ; elle parlait un allemand très-pur, ce qui me séduit toujours, surtout chez une femme. Quand elle parlait, c'était avec beaucoup de sentiment, et il me semblait que ses beaux yeux parlaient encore plus que sa bouche. Ce qui m'attachait par-dessus tout, c'était l'intérêt qu'elle prenait à mon pays, et lorsque je lui eus dit : Je corresponds avec mon frère à cent soixante milles de distance, elle se lança avec moi dans une causerie intime, me disant : Que cela doit être intéressant, que de choses doivent avoir à se dire des frères qui ne se sont pas vus depuis si longtemps... Je lui ai donné de nombreux détails sur ma famille et elle m'a regardé à plusieurs reprises avec ses grands yeux bleus, au point que j'en étais tout troublé. Au moment de partir, elle m'a demandé si je m'étais amusé, et comme je lui dis que oui, elle me répondit vivement : Alors nous vous espérons la prochaine fois... D'autres connaissances étant survenues, elle me souhaita un bon soir tout froid, ce qui me fâcha un peu.

« A trois heures, nous étions rendus chez nous. Mon ami B*** avait absorbé un peu beaucoup de punch, de sorte qu'à notre arrivée à Wisenbad, il avait une pointe conditionnée et soutenait *mordicus* que la clarinette n'allait pas avec la flûte et que celle-ci aurait dû avoir deux pouces de plus, ce que nous lui avons concédé de bon cœur... »

Il y a, si je ne me trompe, dans cette seule page, les indices manifestes d'un naturel bon, franc, spirituel et sentimental, railleur à l'occasion, avec enjouement et bienveillance, quand il avait affaire à de simples travers, mais sans pitié, lorsque ces travers s'alliaient à un cœur sec et un à esprit faux.

Le 11 février de la même année, M. Parade avait dix-sept ans. Son journal contient cette phrase : « Aujourd'hui, j'ai dix-sept ans, rien de remarquable ne m'est arrivé en ce jour, si ce n'est qu'un avocat m'a donné vingt-quatre ans ! » On pouvait s'y tromper en effet ; la méprise était excusable et ne dut point fâcher beaucoup celui qui en fut l'objet.

Au mois de juillet 1819, il se disposait à retourner

dans son pays ; il prenait congé de ses amis. Son journal contient le récit de ses adieux à la famille du colonel de Liebenau. Ce colonel de Liebenau était un excellent homme qui avait été, en 1814, l'hôte obligé de Mme Parade, et s'était chargé d'être le correspondant de son fils et de veiller sur lui comme sur ses propres enfants. C'est ce qu'il fit pendant trois ans. Ils formèrent, lui et les siens, une seconde famille pour le jeune Parade, et il s'établit entre eux des liens d'affection qui ne se relâchèrent jamais, malgré le temps et l'éloignement.

« La dernière soirée a été triste, toute la famille était encore réunie. J'ai dû jouer pour la dernière fois au colonel sa valse favorite ; nous nous sommes redit encore tout ce qui s'était passé durant mon séjour en Saxe et nous avions le cœur bien triste. Les enfants pleuraient en allant se coucher et en prenant congé de moi. Tout était en larmes, moi seul, je ne pouvais pleurer. Un lourd fardeau oppressait mon cœur ; mais des larmes, je n'en trouvais pas. Le colonel était parti auparavant. Il n'avait pas voulu voir les adieux ; il avait eu raison... Sa femme m'embrassa : « Porte-toi bien, aime-nous et « sois toujours bon, » me dit-elle en sanglotant ; Jetchen (Henriette) me tenait la main et pleurait... Deux fois, je voulus partir et ne le pus pas. La troisième fois, ma poitrine se serra à m'étouffer. Je m'arrachai de ses bras...

« Le lendemain matin 18, le domestique m'a réveillé à quatre heures. Je me suis apprêté et suis allé prendre congé de mon vieux père. Hier, je n'avais pu pleurer ; mais aujourd'hui, dans cet adieu, ma douleur s'est fondue en pleurs silencieux. Le vieillard s'est dressé sur

son lit et m'a dit, en me serrant dans ses bras : « Vis
« en santé, mon fils, mes vœux sincères t'accompagnent ;
« sois circonspect, ménage ta santé et aie Dieu toujours
« présent. »

« Je ne saurais exprimer la tristesse dans laquelle
j'étais plongé en quittant cette maison et l'abattement
dans lequel je traversai le pont de Dresde... Je passai
chez Beyer pour le prendre et nous cheminâmes sans
nous rien dire à travers la ville, pour prendre ensuite la
route de Nossen. Alors une sensation étrange s'empara de
moi : la douleur du départ et l'espoir d'un revoir prochain et gai se partagèrent mon cœur. »

Est-il assez vivant, assez attendrissant ce tableau ?
Ne vous inspire-t-il pas une extrême sympathie pour
toutes les personnes qui y sont représentées ? La voyez-
vous cette mère, recommandant en pleurant à son fils
d'adoption d'être toujours bon ? et cette petite Jetchen
dont les sanglots faisaient que la poitrine de son frère
se serrait jusqu'à l'étouffer ; et ce vieux soldat, qui a
bravé vingt fois la mort sans sourciller, et à qui le
cœur manque quand il s'agit de se séparer d'un enfant,
le voyez-vous se redressant sur son lit et appelant so-
lennellement sur cet enfant, qu'il chérit comme s'il
était sien, la bénédiction de Dieu ?... Ah ! que l'huma-
nité est belle quand elle se présente ainsi ; quand elle
s'abandonne aux nobles passions que la Providence a
mises en elle !

Le jeune Parade, à la fin de son récit, parle de la joie
d'un revoir prochain, la joie de se retrouver auprès de
sa mère qu'il adorait. Pour comprendre la force du
sentiment qui l'agitait à cette perspective, lisons une
dernière page de son journal, page écrite le 14 décem-

bre 1818, par conséquent avant celles qu'on vient de lire, mais que j'ai gardée pour la fin, parce qu'elle a un caractère encore plus élevé.

« Aujourd'hui nous n'avons, Dieu le sait, pas perdu notre temps. Aussi, qui l'oserait dans ma position ? J'ai encore tant à apprendre et mes parents sont si bons pour moi ! Mon Dieu ! quand je pense à ce que je coûte, combien ma mère toute seule se prive pour son fils et fait tout, tout, pour m'envoyer de l'argent ! et je ne travaillerais pas ! je ne me rendrais pas digne de tout cela, de cet amour et de ces sacrifices ! Oh ! je me traiterais de gredin, je me souffletterais moi-même si je le faisais. Non, cela ne sera pas. *Serais-je donc un homme si j'agissais contrairement à ma conviction?* Non, je ne serais pas un homme, pas même un enfant ; je serais un misérable, un mauvais garnement, qui ne pourrait regarder les gens en face sans lire dans leurs yeux : « Celui-là a offensé ses parents et a dissipé, dilapidé « honteusement et dans la fainéantise l'argent qu'ils « donnaient à leur cher fils. » Oh ! je n'échangerais pas contre mille thalers la douce satisfaction du retour au pays, après avoir fructueusement employé mon temps et acquis une instruction utile. Alors, mes parents me béniront et je serai certainement heureux ; car celui qui pense et agit bien, celui-là, le Père tout-puissant ne le laisse pas dans le malheur. »

Serais-je donc un homme si j'agissais contrairement à ma conviction? Croirait-on que c'est un adolescent de seize ans qui s'exprime ainsi ? Il sait déjà que ce n'est rien que de bien penser ici-bas si l'on n'agit pas de même, et qu'il n'y a point de bonheur à y espérer sans le calme de la conscience.

Tel qu'il vient de se peindre, **M.** Parade n'aurait eu qu'à persévérer dans la ligne de conduite qu'il avait suivie jusqu'alors, pour être aussi accompli qu'on peut l'être en ce monde, s'il avait embrassé une carrière libérale ; mais étant entré dans les fonctions publiques, il dut, pour les besoins de la mission qui lui fut confiée, se revêtir d'une réserve particulière que commandait sa responsabilité, et c'est en cela qu'il déploya une énergie peu commune.

M. Parade avait trente-quatre ans lorsque je fus admis à l'Ecole forestière. Il était déjà mûri par le malheur ; car il avait perdu son père, sa mère et sa sœur. C'est de cette époque (1836) que datent nos relations. Elles devinrent avec le temps, lorsque la différence de nos attributions eut cessé d'y mettre obstacle, de plus en plus étroites. J'avais pour lui une affection franche et sans réserve, disposée à tous les dévouements, et qui puisait une force de plus dans le respect qu'il m'inspirait. Il m'aimait beaucoup aussi de son côté, j'en suis certain, et ç'a été un des grands bonheurs et le plus insigne honneur de ma vie. Je l'ai vu de très-près, dans la bonne comme dans la mauvaise fortune. J'ai été initié à bien des épreuves faites pour ébranler les plus fortes organisations ; la sienne y a résisté. Je l'ai observé avec le soin et l'intérêt que l'on attache à ce que l'on aime, peut-être aussi quelquefois avec le secret désir de découvrir en lui quelque défaut qui me rendît les miens plus supportables. Mes observations ont eu constamment pour résultat d'ajouter à mon admiration pour sa belle nature.

Il y a toujours chez un homme, quelque bien équilibré qu'il soit, une qualité, sinon dominante, du moins caractéristique, en ce sens qu'elle imprime aux actions de cet homme un cachet particulier.

Cette qualité caractéristique, chez M. Parade, était l'amour du prochain; les jeunes gens surtout lui étaient très-sympathiques, et voilà pourquoi il a eu tant d'empire sur ses élèves.

Mais il faut autre chose que du cœur pour conduire les affaires de ce monde. M. Parade était en outre doué, au plus haut degré, de l'esprit de justice, de l'amour de la vérité, du sentiment de l'honneur, et on constatait en lui une tendance à la perfection, qui ne l'aveuglait nullement, cependant, sur l'impossibilité d'y atteindre, et ne l'empêchait pas d'aimer la réalité malgré ses plaies.

Il avait, de plus, le courage, la volonté et la patience, sans lesquels les meilleures qualités sont souvent stériles, et il eût tout sacrifié aux devoirs que sa conscience lui avait indiqués.

Ces devoirs, il les accomplissait avec la préoccupation permanente d'être utile à ses semblables; il n'y mettait d'ailleurs pas l'ombre de l'ostentation.

La parfaite simplicité qu'il apportait, au contraire, dans ses actes, leur donnait un charme singulier, et eut en outre pour conséquence de lui faire une réputation d'habileté que les hommes ne doivent d'ordinaire qu'à la ruse et à la duplicité. Il n'est pas aisé de tromper un homme simple, quand il a un esprit supérieur.

Tout ce qui sentait l'apparat, la dissimulation, la petitesse, l'afféterie, la banalité, était souverainement désagréable à M. Parade. Il possédait la vraie grandeur et ne parut jamais s'en douter.

Il avait fait une étude approfondie du cœur humain ; il en connaissait toutes les fibres. Moins bien dirigé, livré à ses instincts naturels, il est probable que lui aussi aurait parfois succombé, suivant les circonstances, à de mauvaises tentations ; mais de bonne heure, tous les germes qui ne méritaient pas d'être développés avaient été étouffés en lui ; il ne lui en était resté que la cicatrice, le souvenir, ce qu'il fallait pour les deviner et les combattre chez les autres.

Il ne s'étonnait de rien. Il agissait avec les hommes comme s'ils étaient bons, et s'affligeait plus qu'il ne s'indignait de les trouver mauvais. Il faisait le bien sans craindre de ne recevoir en échange que le mal. Jamais la peur d'être dupe, cette peur qui paralyse tant de braves gens, ne l'empêcha de suivre les inspirations de la charité.

On n'est point parvenu à pénétrer complétement le cœur humain sans avoir une haute intelligence, et, en effet, M. Parade avait une très-haute intelligence qui embrassait les questions, et dans leur ensemble et dans leurs détails. Je ne crois pas qu'aucune des conceptions de l'esprit, soit dans les sciences, soit dans les arts, eût été inabordable pour lui : toutefois il avait peu de goût pour les abstractions, pour les utopies. C'était un esprit exact et devenu tel, non par inaptitude à s'élever dans la région des spéculations transcendantes, mais par la conviction qu'il avait acquise de leur inanité, quand elles ne reposent pas sur un point d'appui réel. Il était donc tout à la fois positif, réaliste, et susceptible d'enthousiasme, pourvu que son enthousiasme pût être avoué par le bon sens. En tout, il cherchait d'abord la substance, et il soignait les petites choses autant que les grandes. Je suis persuadé qu'il n'a pas écrit un mot sans intention arrêtée.

Malgré toutes ces qualités et tout le fruit qu'il en avait tiré, il était très-modeste, sinon d'une manière absolue, au moins d'une manière relative. Il ne manquait pas de confiance dans ses forces ; il avait sans doute le sentiment de sa valeur ; mais il était porté à s'exagérer celle des autres, à la croire supérieure à la sienne. Ce défaut, si c'en est un, en rendant son imagination un peu craintive, très-scrupuleuse, très-circonspecte, très-prudente, en avait peut-être un peu rogné les ailes. Avec plus de hardiesse, il aurait pu avoir toutes les ambitions, s'il avait été capable d'en admettre une autre que celle de faire le bien.

Je dois ajouter, pour terminer l'esquisse que je viens de faire de M. Parade, qu'il avait su régler ses manifestations, sa démarche, ses gestes, son maintien et jusqu'à sa mise, d'une manière qui donnait à toute sa personne un grand air de dignité sévère, mais affable. Tout, chez lui, était en harmonie avec la simplicité de ses goûts et la droiture de sa conscience. Sans doute, il n'avait pas dû pouvoir supprimer, en dedans de lui, les mouvements impétueux et les inégalités d'humeur inhérents à une nature aussi impressionnable que la sienne ; mais il les maîtrisait, en vrai sage qu'il était.

La régularité qu'on remarquait dans ses actions, il l'avait aussi dans sa constitution physique. Rien n'y faisait disparate : sa taille, un peu au-dessous de la moyenne, paraissait plus grande qu'elle n'était. Son corps, bien pris, présentait tous les signes d'une complexion vigoureuse. Il avait le visage ovale, les joues pleines, la peau blanche et légèrement colorée, les cheveux blonds et très-fins, signe, dit-on, d'une vive sensibilité, le profil bien accentué, le profil d'un homme calme et résolu. Sa bouche, dont un sourire doux et bienveillant avait déterminé les contours habituels, était la partie la plus mobile de sa figure ; je n'en ai jamais vu rire d'aussi bon cœur ; mais aussi jamais il n'y en eut de plus implacable dans l'expression de l'ironie et du mépris. Son regard franc, sain et pénétrant, que les consciences pures pouvaient seules soutenir sans en être troublées, était doué d'un pouvoir étonnant de réflexibilité et d'expansion. On y voyait son âme tout entière, et on y puisait le sentiment de l'immortalité. Son front vaste, qu'une calvitie précoce avait encore agrandi, était superbe d'intelligence et de sérénité.

A l'aspect seul de M. Parade, on était saisi d'un profond respect. On ne saurait concevoir une organisation plus harmonieuse que la sienne. Ce qu'il lui en coûta d'efforts sur lui-même pour parvenir à être obéi comme il voulait l'être et comme il le fut, Dieu le sait. S'imagine-t-on quelles durent être les perplexités de ce jeune homme de vingt-huit ans que l'on chargeait d'instruire et de former en même temps des élèves qui en avaient plus de vingt ? Il fallait d'abord se former soi-même, et c'est ce qu'il fit promptement, avec un plein succès. Sa sensibilité, ses élans, il les refoula, non pour les éteindre, mais pour éviter de compromettre son autorité par des épanchements trop vifs. Sa conduite, sa tenue et ses paroles, il les soumit à une discipline sévère, pour se donner le droit de contrôler celles de ses élèves. Ah ! il comprit que c'était d'un véritable apostolat qu'il avait été investi et que le calme, la réserve, la mesure, étaient les conditions nécessaires pour qu'il s'en acquittât bien.

C'est par là que notre maître était incomparable. Avec ses dehors imposants et cette convenance de procédés qui ne l'abandonnait jamais, il n'avait plus grand'chose à faire pour nous inculquer le sentiment du devoir, pour nous rattacher au côté sérieux de la vie.

J'en conviendrai cependant : avec ses élèves, dans l'exercice de ses fonctions, M. Parade avait quelquefois l'air très-froid, et lorsqu'il leur faisait des reproches, sans élever son ton de voix habituel, sans ajouter un geste à ses gestes ordinaires, ils se demandaient, avec une sorte d'inquiétude, par quel phénomène cet homme, inaccessible aux émotions, pouvait sonder avec tant de sagacité la conscience des autres. Il effrayait un peu ; mais dans les rapports journaliers que l'on avait avec lui, on ne tardait pas à reconnaître que sous cette apparence d'insensibilité battait un cœur très-tendre qui ne restait fermé qu'aux mobiles foncièrement vicieux. Pour les fautes préméditées, qui portaient atteinte à la probité, à la délicatesse, à la pudeur, en un mot à l'honneur, il était inexorable, et son seul regard était écrasant. Pour celles, au contraire, qui étaient le résultat de l'étourderie, des entraînements de la jeunesse, et qui n'excluaient pas l'honorabilité des sentiments, il était plein d'indulgence. Jamais, dans ces cas-là, quelle qu'ait été sa sévérité, il n'a froissé la dignité de ses justiciables. Jamais il n'a rompu les liens d'amitié par lesquels il se les était attachés, et voilà pourquoi, parmi tant d'anciens élèves qui ont eu à souffrir de ses arrêts, il n'y en a peut-être pas un seul qui ait conservé contre lui le moindre ressentiment. Si M. Parade avait des ennemis, ce que j'ignore, j'affirme que ces ennemis étaient des gens qui ne croyaient pas à la vertu ; car il était la vertu même, la vertu dans toute la force du terme : celle qui permet de tenir les passions en équilibre, de les faire concourir toutes au bien, et, par conséquent, d'être juste sans cesser d'être bon.

Les personnes étrangères à l'administration publique ne savent pas tout ce qu'il faut de vigueur de caractère chez un chef de service, pour qu'il n'accorde pas à la faveur ce qui est dû au mérite. Résister aux instances de ses amis, de sa famille, parfois à celles du malheur ; violenter toutes les qualités que l'on apprécie le plus dans la vie privée ; s'exposer enfin à passer pour un égoïste sans pitié, c'est souvent son devoir, et ce devoir est cruel. M. Parade n'y a jamais failli, et il a pu le remplir sans que la partie affectueuse de son être en ait été amoindrie.

Il y aurait encore beaucoup à dire sur M. Parade au point de vue du caractère ; mais j'en ai dit assez pour expliquer l'influence inouïe qu'il a exercée pendant sa vie, et qui se continuera après sa mort. J'ai dû parler de cette cause d'influence d'abord, parce que, à mes yeux, c'est la plus notable. Il ne manque pas d'hommes aussi instruits que l'était M. Parade : il y en a moins qui soient à sa hauteur comme professeurs et écrivains. Ce qui est rare, ce sont les caractères de sa trempe, et c'est en communiquant la chaleur de sa belle âme aux cinq cents élèves qui sont sortis de ses mains, que notre maître a rendu à l'administration les services les plus importants.

Au reste, M. Parade lui-même a livré le secret de son autorité dans une note qui a été retrouvée dans ses papiers et que voici :

« On ne peut rien gouverner, si l'on n'aime ce dont

on est chargé de prendre soin. Rien n'est plus vrai selon moi. Ç'a toujours été le fond de ma politique avec mes élèves; elle m'a conduit au succès dans la mission que je remplis ici; elle m'a fait ma réputation, qui s'est étendue par l'affection de mes élèves bien plus que par mon mérite; et elle a fini par me mener aux honneurs. C'est le cœur qui, en définitive, conduit l'homme. »

On ne peut rien gouverner, si l'on n'aime ce dont on est chargé de prendre soin! Touchante vérité, trop méconnue, je le crains, par ceux qui ont charge d'âmes ici-bas. Pour beaucoup, le meilleur de tous les gouvernements est un règlement, la loi écrite. Il est si commode de n'avoir point à se préoccuper du côté moral des choses, et de n'appliquer son esprit de justice distributive qu'à leur côté matériel. On est bien sûr de ne pas se tromper et de proportionner d'une manière mathématiquement exacte la peine au délit. Il n'y a qu'une objection à un pareil système de discipline, c'est que, au lieu de moraliser, il pervertit souvent. Sans doute, il est utile d'avoir une loi écrite; mais si elle n'est pas vivifiée par le cœur et par l'esprit, elle fait plus de mal que de bien.

III

Examinons maintenant ce qu'était M. Parade comme savant, comme professeur et comme écrivain. Ai-je besoin d'en avertir mes lecteurs? nous aurons à revenir dans cet examen sur des qualités que nous avons déjà signalées ; car en M. Parade toutes les qualités étaient solidaires, et celles du cœur ne se séparaient jamais des autres. Aussi personne ne convenait mieux que lui à l'enseignement de la jeunesse : tout en l'instruisant, il la moralisait; tout en faisant des sylviculteurs, il faisait de bons citoyens.

Il n'est pas probable que M. Parade, lorsqu'on le nomma sous-directeur de l'Ecole forestière, fût déjà remarquable par son instruction générale. Il avait fait ses études élémentaires dans une petite ville offrant peu de ressources scientifiques ; il ne s'était guère occupé que d'art forestier à l'Ecole de Tharand, en Saxe, et il n'avait pu, quels que fussent son zèle et son aptitude, acquérir, dans les six années qui s'étaient écoulées depuis son entrée à l'Ecole forestière de France, les connaissances variées qui font ce qu'on appelle un savant. Il est supposable qu'il ne possédait que des notions incomplètes sur les sciences qui ne se rattachaient pas de très-près à sa spécialité. Il avait donc encore beaucoup à apprendre, et ce n'est pas son moindre mérite que l'application avec laquelle il s'efforça d'augmenter son instruction sans négliger ses occupations obligatoires. Les heureuses facultés de son esprit lui firent atteindre le but qu'il poursuivait, beaucoup plus promptement qu'il ne l'espérait. Grâce à sa prodigieuse mémoire, à son esprit d'observation et de méthode, il put avoir et satisfaire l'ambition de n'être étranger à aucun des cours enseignés dans son école. Il se mit à même de répondre à toutes les questions. à toutes les objections, et les élèves ne s'en font pas faute ; mais l'étendue de ses connaissances eut pour l'enseignement un avantage plus durable, en permettant à M. Parade de faire concorder les programmes des divers cours qui composaient cet enseignement.

C'est l'écueil des écoles spéciales que la coexistence de plusieurs cours qui doivent se prêter un mutuel appui, dans un but commun, et ne le peuvent qu'à la condition de se renfermer chacun dans certaines bornes. Chaque professeur a une tendance naturelle à sortir de ces bornes. Si on le laissait faire, il surchargerait les élèves de notions inutiles aux fonctions qui leur sont destinées, et il les forcerait de négliger des études essentielles, dans l'intérêt de ces mêmes fonctions. Il est donc indispensable qu'une autorité supérieure cherche à éviter ce grave inconvénient; or, elle ne peut y réussir que lorsqu'elle possède toutes les sciences qu'il s'agit de coordonner, et M. Parade, pour régler comme il l'a fait les cours de l'Ecole forestière, a eu besoin d'un grand savoir.

Comme professeur, M. Parade a laissé chez ceux qui ont écouté ses leçons, et je suis de ce nombre, des souvenirs qui ne se sont pas effacés. J'ai entendu beaucoup de professeurs dans ma vie ; j'ai professé moi-même pendant trois ans. C'est un attrayant métier que celui de professeur ; mais c'est un métier bien difficile, d'autant plus difficile dans notre pays, qu'on y néglige à peu près complétement d'exercer les jeunes gens à l'art de la parole. Parmi ceux qui viennent de sortir du collége, y en a-t-il beaucoup qui soient capables de traiter de vive voix, je ne dirai pas d'une manière tout à fait satisfaisante, mais seulement passable, un sujet quelconque tiré des connaissances qu'ils y ont acquises ! Je ne le crois pas. Je ne crois pas non plus que la pensée, même la plus nette dans l'esprit, en sorte aussi aisément qu'on le suppose communément ; parce que, pour être nette, il n'est pas nécessaire qu'elle se formule intérieurement dans les termes consacrés par l'Académie. On peut se faire et on se fait souvent, en effet, quand on ne parle qu'à soi-même, un vocabulaire inintelligible pour les autres ; or, lorsqu'on s'adresse au public, c'est le langage de tout le monde qu'il faut adopter, et cela devient très-embarrassant quand on ne s'y est pas préparé de bonne heure, quand on a pris l'habitude des expressions incorrectes, impropres, et des locutions vicieuses. En outre, il ne suffit pas, pour faire une bonne leçon, d'énoncer avec clarté un certain nombre de propositions, il faut encore les enchaîner l'une à l'autre dans un ordre logique, leur donner des développements proportionnés à leur importance respective, ne pas placer l'accessoire avant le principal, éviter, en insistant trop sur une considération incidente, de faire perdre et de perdre soi-même de vue le fil du discours, son objet essentiel, dérouler enfin, sans rompre leur solidarité, des pensées qui, dans l'esprit, ne font pour ainsi dire qu'un bloc. Et puis, que de qualités nécessaires pour que le débit ne devienne pas monotone, par conséquent fatigant ; pour échapper au grand danger du professeur, le pédantisme ; pour ne pas compromettre son autorité pas des erreurs maladroitement corrigées ! Ceux-là seuls qui ont pratiqué le professorat, peuvent en apprécier toutes les difficultés. M. Parade les avait admirablement surmontées. Ses leçons ne laissaient rien à désirer, autant qu'il m'en souvient, pour la pureté et l'élégance du langage, la solidité de l'exposition et la sobriété des digressions. Je ne me rappelle pas les avoir jamais vues interrompues un seul instant, soit par la nécessité de recourir à une note, soit par un embarras de mémoire. Elles n'étaient pas longues, mais elles étaient substantielles, et quoique préparées sans doute pour le fond, on sentait à la voix du professeur que, pour la forme, elles avaient été abandonnées à l'improvisation. Quand M. Parade était ému, ce qui arrivait rarement, parce que le sujet ne le comportait pas, il ne le marquait guère que par une vivacité plus grande dans le regard. Il apportait dans le professorat cette mesure qui le distinguait dans ses autres fonctions officielles.

Tel était M. Parade dans ses discours et tel aussi dans ses écrits. Le cours élémentaire de culture qu'il a publié en collaboration avec son illustre maître, M. Lorentz, porte l'empreinte de ses qualités intellectuelles et morales. Cet ouvrage a une valeur qui n'est contestée par personne, et que l'Institut impérial de France a hautement proclamée, en admettant dans son sein un de ses auteurs. Je ne pense pas qu'il existe en aucune langue un traité plus complet et plus concis en même temps sur tous les objets qui se rapportent à l'économie forestière : il n'omet rien de ce qu'il est essentiel de connaître, et il n'avance aucun fait, aucune proposition dont l'exactitude ne soit rigoureuse ; mais ce n'est point sous le rapport scientifique que j'ai à en faire l'éloge maintenant, puisqu'enfin il est l'œuvre des deux hommes les plus compétents en matière forestière qui aient existé dans notre pays ; je veux seulement en signaler la méthode et le style.

Les auteurs ont pu faire plusieurs éditions successivement augmentées de leur cours, sans changer le nombre ni l'ordre de ses divisions. Dès la première édition, par une sorte de prescience, et quoique alors il y eût encore bien des lacunes dans leur travail, ils ont adopté un plan qui s'est concilié jusqu'à présent avec les progrès de la sylviculture. C'est déjà là une raison de croire que ce plan est excellent.

L'ouvrage est divisé en six parties principales : six livres.

Le premier s'occupe des sols, des climats et des essences. Ce sont, en effet, les trois objets qui vont se trouver en présence dans tout le cours du Traité, et qu'il faut avant tout définir, en faisant connaître les actions et les réactions qu'ils sont susceptibles d'exercer l'un sur l'autre ; car c'est surtout à régler ces diverses influences que s'applique l'art du forestier.

Le deuxième livre comprend les principes fondamentaux de l'exploitation, quelles que soient les méthodes adoptées et les essences cultivées. On y formule des règles générales, dont l'utilité se manifeste dans tous les cas particuliers.

Le troisième livre est consacré à l'exploitation des futaies en général, puis à l'exploitation des futaies, selon les essences qui les constituent.

Le quatrième livre traite de l'exploitation des taillis, en suivant la même marche que pour les futaies.

Dans le cinquième livre, un des plus importants, l'exploitation des forêts est considérée dans ses rapports : 1° avec les besoins des propriétaires, et notamment de l'Etat et des communes; 2° avec le climat et le sol. Il contient, en outre, l'exposé des méthodes propres à amener la satisfaction des divers intérêts qui ont été mis en lumière.

Ce livre, sous la forme la plus modeste, touche aux questions les plus délicates et les plus considérables de l'économie politique et les éclaire d'un jour tout nouveau, en ce qui concerne la question du domaine forestier de l'Etat et de celui des communes. Jusque-là l'intérêt que l'on avait attaché à la conservation des futaies ne s'était appuyé que sur une sorte d'instinct traditionnel. MM. Lorentz et Parade ont les premiers établi par des raisonnements scientifiques les avantages des longues révolutions.

Le sixième livre indique les procédés les meilleurs pour assurer le succès des repeuplements artificiels. Dans ce livre comme dans les autres, les principes généraux d'abord; puis les règles spéciales, suivant les essences envisagées. Ce livre est le dernier, parce que c'est pour ainsi dire un appendice, les repeuplements artificiels ne devant être que de rares exceptions dans des exploitations bien conduites. On pourrait détacher ce livre du volume, sans que celui-ci cessât de faire un tout complet.

L'ordre que l'on constate dans la division de l'ouvrage en livres, se retrouve dans la division de chaque livre en chapitres et dans celle de chaque chapitre en articles et en paragraphes. Enfin, chaque livre est précédé des définitions des termes techniques qui y seront employés, et l'exposé des théories ne s'écarte jamais de la marche logique : les faits, les discussions, la conclusion. Cette unité dans le développement du plan et des idées met un calme singulier dans l'esprit du lecteur, en assure l'action, et le prépare merveilleusement à comprendre et à retenir ce qu'il cherche à s'assimiler.

Voilà certes un cadre qui satisfait entièrement la raison, et qu'il suffit de voir une seule fois pour qu'il se grave dans la mémoire. Quels que soient les progrès de la science forestière, on pourra les enfermer dans ce cadre sans qu'il soit nécessaire d'y ouvrir un compartiment de plus.

Extrêmement remarquable par la science qu'il dénote chez ses auteurs et par la méthode avec laquelle les matières y ont été distribuées, l'ouvrage de MM. Lorentz et Parade ne l'est pas moins par le style, dont je ne me lasse pas d'admirer la concision, la précision, la pureté et par conséquent l'élégance. Aucune prétention ne s'y révèle; il est simple et grave comme il convient au sujet; il va droit au but avec le nombre de mots strictement nécessaire; il évite les réticences, les équivoques, les pléonasmes, les tournures inusitées. On n'écrit pas avec cette perfection un volume de plus de six cents pages, sans y consacrer énormément de temps, de soins et de réflexion. Cependant la phrase de MM. Lorentz et Parade ne trahit aucun effort, et a l'air de s'effacer autant que possible pour mieux laisser voir l'idée qu'elle exprime; elle est à cette idée ce que le cristal est au liquide qu'il contient. On ne saurait croire combien l'intelligence est facilitée par cette qualité et par une autre encore, qui devient de plus en plus rare : une ponctuation irréprochable.

La méthode et le style du cours de culture des bois sont, on le voit, en accord parfait avec l'organisation morale que nous connaissons à ses auteurs. On s'est demandé quelle est la part des deux collaborateurs dans cette œuvre classique, qui fait aujourd'hui le fondement de la science forestière dans notre pays. Leur modestie a laissé jusqu'à présent cette question indécise, et je ne saurais m'engager à la résoudre avec certitude; car la seule autorité qui pourrait m'en fournir le moyen se renfermerait, je le prévois, si je la consultais, dans une réserve qui ne ferait qu'augmenter mon embarras. J'essayerai cependant d'y répondre, et si je me trompe, il n'y aura pas grand mal ; car, après tout, on pourrait appliquer à MM. Lorentz et Parade, au sujet du mérite de leur œuvre, ce vers de Victor Hugo sur l'amour maternel :

Chacun en a sa part et tous l'ont tout entier.

« Le livre que je publie n'est pas de moi, a écrit M. Parade dans la préface de sa troisième édition ; M. Lorentz en avait traité presque toutes les parties lorsqu'il fut appelé au poste d'administrateur à Paris. »

Voilà une déclaration formelle qui lèverait tous les doutes, si on devait la prendre au pied de la lettre ; mais je suis sûr qu'on ne pourrait le faire sans être désavoué par M. Lorentz. Ces mots : *Ce livre n'est pas de moi*, sont une preuve de l'extrême modestie de M. Parade, et rien de plus. Pour moi, j'incline à penser que c'est M. Lorentz qui, d'une main exercée, a ébauché le monument et lui a donné ses proportions. Il y a dans la conception seule du plan de l'ouvrage le témoignage d'une force d'esprit et d'une conviction qui s'accordent parfaitement avec la nature de l'illustre fondateur de l'Ecole forestière, qui s'accordent aussi avec celle de M. Parade, mais qui impliquent en outre une maturité d'esprit que l'âge de celui-ci ne comportait pas encore, lorsque le *Cours de culture* a été rédigé. Mais cette part faite à M. Lorentz, celle qui revient à M. Parade n'en est pas moins très-belle. S'emparer d'une ébauche, l'amener à la perfection dans l'ensemble et dans les détails, sans gâter l'harmonie de ses proportions ; la revêtir d'une forme élémentaire et didactique, sans rien lui ôter ni de son ampleur, ni de son attrait pour les intelligences déjà cultivées, c'est comme une nouvelle création, et il faut, pour en être capable, s'être imbu du génie du maître, au point de se substituer en quelque sorte à lui.

Indépendamment du *Cours de culture*, M. Parade a publié d'autres écrits,—j'en ai donné la liste,— qui lui appartiennent exclusivement, et dont on n'a pas besoin de lire la signature pour en reconnaître l'auteur, car le cachet de son originalité et de sa haute raison y est évident. Il l'est surtout dans le rapport sur le reboisement des montagnes, et la notice sur les aménagements qui sert d'introduction au livre de M. Nanquette.

IV

J'ai montré ce qu'était M. Parade quant au caractère, au savoir, à l'éloquence et au style.

J'ai exposé les améliorations qu'il a apportées, comme administrateur, à l'organisation de l'Ecole forestière. Ces améliorations ne se sont pas réalisées d'un seul coup; elles ont demandé du temps et de la persévérance; on ne s'est procuré qu'un à un tous les matériaux nécessaires pour construire l'édifice ; on a dû multiplier les preuves et les rapports pour éclairer l'administration sur l'utilité des mesures proposées. Il a fallu toute la foi, toute l'énergie de M. Parade pour ne pas se décourager.

J'ai dit enfin quel bien inestimable il a fait au corps forestier, par les vingt-cinq générations d'élèves qu'il a animées de son souffle. Mais ce n'est point assez, et on ne lui rendrait pas pleine justice, si l'on renfermait son action dans les limites que j'ai indiquées ; elle a été bien au delà, puisqu'elle a contribué à conjurer la ruine d'une des sources de la prospérité de notre pays.

C'est un beau spectacle que présente aujourd'hui le service forestier, avec ses commissions spéciales qui sont en train : ici de reboiser les montagnes, là d'affranchir les forêts des servitudes qui les grèvent; ailleurs d'ouvrir de nouveaux débouchés à leurs produits, partout de substituer au régime destructeur du taillis celui de la futaie, qui décuplera la production. Tout cela est beau. Ce mouvement fécond, qui se fait surtout au profit des générations futures, emprunte à cette destination un caractère de grandeur qui est bien propre à enthousiasmer les nobles âmes. A qui le doit-on? — A l'Ecole forestière de Nancy; car ce sont les agents sortis de cette Ecole qui ont permis d'entreprendre ces grands travaux, et qui souvent en ont inspiré la pensée. Et à qui doit-on que l'Ecole de Nancy ait été mise dans la bonne voie, y ait été maintenue, et même, peut-être, existe encore? — A M. Lorentz d'abord, à M. Parade ensuite.

J'aborde ici un sujet pénible, une des phases les plus critiques de l'administration forestière. Les efforts et la souffrance sont l'accompagnement, la consécration ordinaires des grands enfantements. L'Ecole forestière n'y a point échappé, et les épreuves lui sont venues quelquefois de ceux-là mêmes qui auraient dû les lui épargner. Je tâcherai de ne réveiller aucun souvenir irritant, de ne froisser aucune susceptibilité; mais je ne puis taire ce qui s'est passé. Des allusions transparentes y ont été faites sur la tombe de M. Parade. Je dirai donc la vérité; c'est un devoir sacré pour moi, puisque j'ai promis de récapituler les titres de notre vénéré maître à la reconnaissance de ses concitoyens.

Je vais placer sous les yeux de mes lecteurs une lettre que M. Parade adressait, en 1860, à mon ami M. Clavé; ils y trouveront des détails intéressants sur la fondation de l'Ecole, les circonstances qui l'ont amenée, et les oppositions que cette institution rencontra dès que l'on fut fixé sur son enseignement.

« Sous l'empire, l'administration supérieure envoya dans les provinces nouvellement conquises des agents chargés d'y organiser le service forestier. De ce nombre furent MM. Zœpffel, Lorentz, Rousselot, Tamisier, Virion, Mangin, etc., etc. Les trois premiers occupèrent différents postes dans le Palatinat d'abord, ensuite dans le Hanovre. Entre tous, M. Lorentz se distinguait par le zèle qu'il mettait à l'étude de son nouveau métier; il se lia avec les forestiers allemands qui avaient quelque instruction, et qui pouvaient le familiariser avec la pratique des forêts. La connaissance qu'il avait de la langue lui permit aussi de lire les auteurs. Bientôt Moser, Burgsdorff et surtout Hartig étaient entre ses mains, et formaient le sujet de ses méditations et de ses entretiens avec ses nouveaux collègues. Baudrillart, alors sous-chef à l'administration centrale, était en rapport avec M. Lorentz, et ce fut, je crois, stimulé par lui, qu'il entreprit l'étude de la langue allemande et la traduction de l'instruction sur la culture des bois de Hartig. Baudrillart était aussi l'un des rédacteurs des *Annales forestières*, publiées chez Arthus Bertrand, et y insérait fréquemment des articles, fruit de ses correspondances ou de ses lectures allemandes, qui initiaient peu à peu le public forestier en France aux doctrines d'outre-Rhin. (Voy. notamment le 2e vol. de ces *Annales*, 1809, p. 165 à 177, qui donne un exposé complet de la méthode allemande.)

« Ce fut donc ainsi et plus tard, par la rentrée successive en France de M. Lorentz et de ses collègues, que le traitement des futaies sortit peu à peu chez nous de la routine où il était plongé. M. Lorentz forma ainsi quelques élèves : de ce nombre étaient notamment

MM. de Salomon et de Buffévent, qui, après avoir reçu les leçons pratiques du maître, se mirent à l'étude des auteurs allemands, et devinrent ainsi, chacun dans la mesure de ses aptitudes, d'excellents forestiers.

« Tel était l'état des choses, lorsqu'en 1824, le gouvernement se décida à satisfaire à un vœu dès longtemps exprimé par les agents forestiers les plus distingués, par différents membres du Corps législatif de l'empire, et dont l'administration avait surtout reconnu le bien fondé, depuis qu'elle avait dû se recruter dans les rangs des officiers de l'armée. L'Ecole forestière fut créée, et M. Lorentz en fut nommé directeur. Son caractère à la fois plein de dignité et de bonté, son rare mérite comme forestier praticien, un jugement et un tact exquis, enfin les éminents services qu'il avait rendus, depuis 1814, comme inspecteur à Wissembourg, à Pontarlier, à Caudebec, et surtout à Saint-Dié, où il se trouvait en dernier lieu, tout en lui justifiait le choix que l'administration venait de faire.

« Il n'hésita pas un instant sur les principes qui faisaient la base de son enseignement : c'étaient ceux de Hartig, qu'il avait éprouvés par une pratique variée depuis plus de vingt ans. Il prit donc pour faire son cours de culture, au mois de février 1825, la *Petite Instruction sur la culture des bois*, de Hartig, traduite par Baudrillart, corrigea les fautes assez nombreuses du traducteur, et annota d'ailleurs les différentes parties du livre. Ce guide lui servit pendant les deux premières années, pendant lesquelles il rédigea ses propres leçons. C'est ici qu'il faut, pour satisfaire à vos questions, mon cher ami, que je commence à parler de moi.

« M. Lorentz, dès sa nomination à la direction de

l'Ecole, m'avait appelé près de lui, comme répétiteur du cours d'économie forestière. Voici comment je pouvais paraître propre à un tel emploi. Dès mon enfance j'avais une vocation bien décidée pour les forêts, et c'était en grande partie M. Lorentz, sous-inspecteur à Ribeauvillé, de 1808 à 1813, et ami de ma famille, qui me l'avait inspirée. Mais toujours il insistait près de mes parents pour que je fusse envoyé dans une école d'Allemagne, la France n'offrant alors aucune ressource pour apprendre notre métier. C'est ainsi que je fus expédié en Saxe, à la fin de 1815, et qu'après avoir passé quinze mois dans un pensionnat préparatoire, j'entrai à Pâques, en 1817, à l'Académie forestière de Tharand, près de Dresde, dirigée et fondée par Cotta; de là, je passai à une commission d'aménagement, puis chez un *Revierforster*, praticien distingué, et enfin je rentrai en France...

« Dès le printemps de 1820, M. Lorentz, me traitant comme le meilleur des pères, m'associa à ses travaux, à Pontarlier d'abord, à Saint-Dié ensuite, et me fit mettre en pratique ainsi, sous sa précieuse direction, pendant cinq ans, les notions que j'avais acquises outre-Rhin. Je lui étais donc attaché par la plus vive reconnaissance; je connaissais ses opinions et sa manière de travailler, et enfin, je pouvais lui être de quelque utilité pour compulser les auteurs allemands. C'est à ce dernier genre de travail qu'il m'employa, surtout dans les deux premières années de l'Ecole, et que j'ai pu concourir dans une faible mesure à la rédaction de ses cahiers, mais il y mettait toujours la meilleure et la plus forte part, le cachet de son expérience et de son jugement, son style simple et ferme.

« Tant que le maître resta à la tête de l'Ecole, notre enseignement ne rencontra que de rares et timides contradicteurs, soit dans les agents du service actif, soit à l'administration centrale. L'ordonnance réglementaire du Code, que Baudrillart avait surtout inspirée, nous prêtait d'ailleurs l'appui légal qui précédemment nous manquait. Ce ne fut qu'à partir de 1830, quand M. Lorentz fut appelé à l'administration centrale, qu'il entreprit, avec l'énergie et les fortes convictions qui le distinguaient, d'entrer dans la voie du progrès et de mettre ses principes en action ; c'est alors seulement que commença la guerre. »

On sait quelle guerre : M. Lorentz, plutôt que de céder à des exigences contraires à ses convictions, prit sa retraite, rentra dans la vie privée pour reconquérir, avec la liberté de ses mouvements, la possibilité de réagir contre des tendances officielles qui lui paraissaient regrettables. M. Parade, alors sous-directeur de l'Ecole, se chargea d'entretenir, parmi les élèves, le feu sacré.

De quoi s'agissait-il ? On peut l'expliquer en quelques mots :

Il s'agissait de savoir si l'administration des forêts, continuant d'obéir aux principes de fiscalité qui l'avaient jusqu'alors dirigée, et ne tenant compte, par conséquent, que des besoins du moment, sans s'inquiéter de ceux de l'avenir, ne se préoccuperait que du produit net en argent du domaine confié à sa gestion ; ou bien si, sortant des vieilles traditions, envisageant sa mission d'une manière plus élevée, et appréciant les intérêts de l'Etat, ainsi que leur essence même l'implique, c'est-à-dire dans l'avenir comme dans le présent, elle se préoccuperait enfin des forêts, nonseulement pour les ressources annuelles qu'elles procurent au Trésor public, mais encore pour la destination qu'on donne à leurs produits, pour les moyens de travail qu'elles fournissent aux classes laborieuses, et pour les garanties qu'elles offrent à la sécurité et à la gloire du pays. Voilà ce qu'il s'agissait de savoir, et jamais question plus grave d'intérêt public ne fut posée et débattue. En pratique, elle se résumait dans les prétentions que voici :

Les partisans de l'ancien système voulaient non-seulement conserver le régime du taillis là où il existait, mais encore l'appliquer aux forêts qui en étaient restées affranchies jusqu'alors, et réaliser, de cette façon, au profit du Trésor, les ressources considérables accumulées par les siècles.

Les partisans des idées nouvelles, et MM. Lorentz et Parade en tête, voulaient non-seulement maintenir les futaies existantes, mais en créer, même au risque d'une diminution temporaire dans les produits, partout où les conditions du sol, du climat, et les exigences de l'industrie s'y prêteraient.

La lutte fut vive, d'autant plus vive que, des deux côtés, il y avait, j'aime à le croire, bonne foi, et ce fut à M. Parade, en sa qualité de directeur de l'Ecole, qu'incomba la mission périlleuse de défendre les saines doctrines contre des adversaires d'autant plus redoutables qu'ils croyaient pouvoir compter sur l'appui d'un homme très-éminent et très-influent. Cet homme, comme député et comme fonctionnaire, a rendu, lui aussi, à son pays d'incontestables services et a réalisé, notamment dans l'administration des forêts, des améliorations que les agents de cette administration ne pourraient méconnaître sans injustice et sans ingratitude. Profondément versé dans les questions de finances, habile et intègre administrateur, il contraria malheureusement ses qualités par son scepticisme à l'endroit des hommes ; et il eut encore un tort à mes yeux : celui d'attacher une importance trop exclusive au rendement immédiat en argent des coupes. Ce souci des générations futures, ces sacrifices qu'on parlait de faire à leurs intérêts, lui furent présentés comme des nouveautés dangereuses, presque comme des utopies socialistes. C'est ainsi qu'on parvint à tromper sa religion et à lui inspirer contre l'Ecole une défiance dont on s'autorisa pour attaquer d'abord subrepticement, puis ouvertement les principes propagés par cet établissement.

M. Parade, malgré sa modération, son tact et son esprit de conciliation, eut à craindre un jour pour sa position de directeur. Lui tombé, il y avait beaucoup de chances pour que la lumière fût mise définitivement sous le boisseau. C'est donc lui qu'on voulut d'abord renverser ; mais cette tentative audacieuse ne pouvait avoir et n'eut en effet aucun succès ; elle ne servit qu'à prouver à l'administration que M. Parade était plus digne encore qu'elle ne le pensait de sa confiance.

On s'en prit alors à l'Ecole elle-même, et, pour cela, on suggéra l'idée d'établir à côté d'elle, pour les agents forestiers, un autre mode de recrutement, dépendant davantage de l'administration supérieure. Ce mode fut le surnumérariat. Des jeunes gens, choisis le plus souvent, je le reconnais, parmi les candidats admissibles à l'Ecole, furent attachés comme brigadiers aux bureaux de l'administration centrale et à ceux des conservateurs, pour être admis ensuite, après un examen peu sérieux, dans les rangs des agents.

Parmi les instigateurs ou les partisans de cette mesure, il y en avait certainement qui se fondaient sur les avantages qu'elle faisait aux surnuméraires, pour espérer que l'Ecole n'y résisterait pas. Quant à l'administration supérieure, on ne pourrait lui prêter une pareille pensée sans la calomnier. Elle ne visait ni à détruire ni même à affaiblir l'Ecole, dont elle avait reconnu l'utilité, en confiant aux agents sortis de son sein les opérations les plus difficiles. Seulement, en présence de doctrines contestées ou incomprises, susceptibles, aux yeux de certaines personnes, de nuire aux intérêts bien entendus du Trésor, elle jugea convenable d'introduire dans le corps des hommes qui, étrangers à ces doctrines, pourraient, par leurs observations personnelles, dans l'indépendance de leur jugement, se former des opinions à eux, et faire ressortir ce qu'il y avait, disait-on, d'erroné et d'aventureux dans celles de leurs collègues. Elle voyait dans le surnumérariat le moyen tout à la fois de stimuler le zèle des agents forestiers et de s'éclairer définitivement sur les conséquences de cette science d'outre-Rhin qui faisait peur à tant de gens.

Quoi qu'il en soit, ici encore le résultat trompa les désirs que l'on avait conçus. La rivalité sur laquelle on comptait ne se produisit pas. L'Ecole conserva ses candidats, et, quel que fût le tort que les surnuméraires fissent aux élèves, ceux-ci eurent la sagesse de ne point les en rendre responsables ; ils les accueillirent en camarades, mirent leur science à leur disposition et les eurent bientôt ralliés aux bons principes.

Que faire après ces deux tentatives infructueuses? On dut se décider à lever le masque; on alla droit à l'ennemi; le but que l'on poursuivait fut hardiment dévoilé :

Un jour, en pleine Assemblée législative, par l'organe du rapporteur du budget de l'exercice 1850, l'illustre M. Berryer, l'enseignement de l'Ecole de Nancy fut directement mis en cause, comme insuffisant et compromettant, comme *n'ayant pas produit les avantages qu'on en espérait*. Les élèves furent signalés *comme ne rendant que de très-faibles services* (chap. xi-xii, p. 8).

Ah! ce jour comptera parmi les plus marquants des fastes de l'administration forestière. Les élèves en ont tous gardé un souvenir dont, j'en suis sûr, l'amertume persiste encore. Informés par une note circulaire de ce qui s'était passé à l'Assemblée législative, ils sentirent le rouge leur monter au visage, ne jetèrent qu'un cri d'indignation et se soulevèrent comme un seul homme. C'est alors que se manifesta dans toute sa force l'influence de M. Parade. Sans concert préalable, par le seul instinct de la conservation, tous les regards, toutes les espérances se tournèrent du côté de Nancy comme vers l'unique point d'où pouvait venir le salut. Dieu seul a eu l'entière confidence des sentiments qu'éprouva le directeur de l'Ecole, lorsqu'il se vit menacé d'être flétri dans son honneur; lorsqu'il se vit accusé d'avoir été au-dessous de sa tâche; bien plus encore, d'avoir empoisonné de fausses doctrines plusieurs générations d'élèves. Pour lui, il ne fit rien paraître des agitations de son âme[1]. Il resta impassible en apparence. Il calma

---

[1] Si ce n'est à quelques intimes. Voici ce qu'il m'écrivait au mois

les colères et les impatiences; mais, sans perdre un instant, il organisa la défense et s'occupa, sans relâche, de réunir tous les documents propres à confondre les adversaires inconnus qui l'avaient calomnié auprès de la commission du budget. La chose était difficile, parce qu'il s'agissait de convertir des hommes qui n'appartenaient pas au service forestier, qui en ignoraient les exigences et qui étaient habitués à ne pas se tromper. Trop de précipitation, une maladresse, un manque de tact pouvaient tout gâter, et le fruit de trente années d'abnégation et de travail était compromis, et le sort

de mars 1850, je venais d'être nommé professeur à l'Institut agronomique :

« Un mot seulement, bien cher ami, pour vous exprimer tout le bonheur que m'a causé ainsi qu'aux miens et à vos bons amis Nanquette et Génin, l'heureuse issue de votre lutte. Ce bonheur est doublé en vérité par le moment dans lequel il surgit. — Voilà donc encore un des produits de cette pépinière d'incapacités qu'on appelle l'Ecole forestière ! La guerre promet de devenir chaude, et, ma foi ! rira bien qui rira le dernier. Je crains, à la vérité, que les articles de la presse de Nancy, qui s'annoncent vigoureux, ne me suscitent de mauvaises affaires et ne me fassent quitter le poste au moment où je puis être plus utile que jamais. Quoi qu'il en soit, le gant est jeté et ramassé. Nous verrons bien...

« Dubois arrive pour se rendre à Verdun, je lui apprends votre triomphe, qui est le nôtre. Nous nous embrassons à votre intention... »

« Il est regrettable que les *Annales* arrivent pâles et insignifiantes dans un moment de haute lutte comme celui où nous sommes, c'est s'avouer mort avant d'être froid. — Il est grand temps que vous releviez cette affaire-là. »

Est-elle expressive cette lettre! Le gant est ramassé. Il y va de la vie, mais qu'importe, l'honneur est engagé. On y mettra de la prudence, de la modération, mais on ne pliera pas d'une semelle.

On ferait, j'en suis convaincu, une très-intéressante collection des lettres particulières de M. Parade. Pour moi, j'en ai un assez grand nombre que je viens de relire avec la plus vive émotion. Toutes les qualités recherchées dans la correspondance épistolaire s'y trouvent réunies, et elles sont pleines de traits imprévus et charmants.

des élèves l'était également. Heureusement, M. Parade n'était pas un homme à commettre des fautes de ce genre, et je défierais que l'on pût indiquer dans les nombreuses notes qui furent mises par lui sous les yeux de la commission du budget, un seul mot inutile, déplacé ou désobligeant pour qui que ce fût. Tandis qu'il rédigeait ces notes, les journaux périodiques et les *Annales forestières* publiaient, de leur côté, des articles plus ou moins passionnés en faveur de l'Ecole ; mais, quoique inspirés par les sentiments les plus honorables, quoique parfaitement vrais, dans le fond, ces articles durent être suspects de partialité, à cause de la vivacité de leur style. Ce furent donc les démarches du directeur de l'Ecole, ses rapports lumineux, précis et dignes, sa prudence consommée et la grande notoriété dont il jouissait déjà qui décidèrent la victoire, et la victoire fut complète. Dans la séance du 12 mai 1850, après un discours très-énergique de M. Toupet des Vignes, représentant du département des Ardennes, en faveur de l'Ecole, M. Berryer monta à la tribune, et prononça ces paroles graves et significatives :

« Il n'a pas été dans la pensée de la commission de provoquer la suppression de l'Ecole de Nancy. La commission a reçu des documents sur l'administration de cette Ecole et, en particulier, sur la personne de son directeur. Le rapporteur de la commission a notamment reçu des renseignements précieux pour constater la bonne direction imprimée à cette Ecole par son chef. Ce serait donc bien malheureux si, dans la note sortie sed mains du rapporteur, on avait vu à la fois la condamnation du chef de l'Ecole et de l'Ecole elle-même. »

On ne pouvait réparer ses torts avec plus de franchise

et de loyauté. On ne pouvait venger d'une manière plus éclatante l'Ecole forestière et son directeur des imputations dirigées contre eux. Ces imputations furent du reste, dans cette séance du 12 mai 1850, réduites à néant. Le bon droit trouva d'éloquents défenseurs dans M. Toupet des Vignes, que j'ai déjà nommé, et dans M. Monet, le représentant de la Meurthe. Il sortit triomphant de la discussion, et, depuis lors, on n'a plus cherché à l'ébranler.

Et voilà comment l'administration des forêts est entrée dans la voie de prospérité où nous la voyons aujourd'hui. Le surnumérariat, tué moralement dans la séance précitée du 12 mai 1850, fut supprimé, en 1856, sur la proposition de M. Graves qui, quoique étranger à l'Ecole forestière, avait reconnu qu'en elle résidait la force de l'administration. C'est à lui que l'on doit aussi l'institution des bourses pour les fils d'agents.

Le directeur général qui succéda à M. Graves, M. de Forcade de la Roquette, n'avait pas non plus de raison personnelle pour s'intéresser à l'Ecole de Nancy, et, cependant, il a tant fait pour son développement, qu'elle a voulu, en signe de reconnaissance, inscrire son nom sur un de ses pavillons. Quant à M. Vicaire, qu'un cruel destin vient de nous ravir d'une manière si soudaine et si terrible, comme si nous avions besoin de ce nouveau coup pour savoir qu'il faut se méfier du trop grand bonheur dans ce monde, il était élève de l'Ecole, et personne n'ignore les preuves de dévouement qu'il lui a données.

Ainsi, le combat dans lequel les adversaires des saines doctrines forestières espéraient qu'elles succomberaient n'a fait, grâce à M. Parade, que les renforcer, et c'est ce qui achève de justifier ces paroles de M. Vicaire : « L'administration ne fera jamais pour lui ce qu'il a fait pour elle. » Un pareil témoignage, parti de si haut, confirme la stabilité des bases sur lesquelles repose aujourd'hui le service forestier, et l'homme qui a tant contribué à assurer ces bases, a eu la consolation, avant de mourir, de les voir cimentées par l'adhésion universelle.

FIN.

Paris. — Typographie Hennuyer et fils, rue du Boulevard, 7.

www.ingramcontent.com/pod-product-compliance
Lightning Source LLC
LaVergne TN
LVHW020043090426
835510LV00039B/1384